節約＆
ヘルシー！

冷凍豆腐
レシピ77

島本美由紀

小学館

は じ め に

日本の食卓に欠かせない大豆製品のひとつ「豆腐」。
手ごろな価格で購入でき、低カロリーで栄養も豊富。
定番料理はもちろんのこと、
さまざまなレシピに使える万能食材としても人気です。

そのまま食べてもおいしいのですが、
豆腐を凍らせて、おなじみのおかずに変身させてみませんか?

柔らかい豆腐を一度凍らせてから解凍すると、
噛み応えが増して、まるで肉のような食感に!!
「唐揚げ」などのメインおかずに昇格するだけでなく、
細かくほぐせば、ひき肉の代わりにもなるので、
冷凍豆腐さえあれば、アレンジも自由自在です。

どの料理もおいしくて、簡単に作れますので、
ぜひいろいろトライしてみてください。

料理研究家・ラク家事アドバイザー
島本美由紀

Contents

Chapter 1

まるで肉!? まるで魚!? な
主菜メニュー

みんな大好き! ボリューム主菜

歓声があがる、人気中国料理風の主菜

和・洋・エスニックの
鶏肉風主菜

こんな料理も冷凍豆腐で作れる!

Chapter 4

パパッと作れる
小さなおかず&汁物

本 書 の 決 ま り ご と

● 豆腐の「1丁」は300〜350gのものを指しています。

● 材料の「小さじ1」は5㎖、「大さじ1」は15㎖、「1カップ」は200㎖、「1合」は180㎖です。

● 作り方の調理時間は、ガスコンロ使用、電子レンジ＝600W、オーブントースター＝1000W使用の場合です。お持ちの調理機器の機種やW数によって、様子を見ながら調整してください。

● 炊飯器は、5合炊きのものを使用しています。

● Chapter1・2の1人分の費用は、楽天西友ネットスーパー（ないものは東京都内の一般的なスーパー）の、2023年10月時点の価格をもとに算出しています。基本的な調味料（砂糖、塩、酢、醬油、みそなど）、油、つけ合わせの野菜などは費用外としています。

● 特に明記のない酒は清酒、料理酒、砂糖は上白糖、小麦粉は薄力粉を使用しています。

● 鶏肉は、皮つきを使用しています。好みで皮なしを使用しても問題ありません。

冷凍豆腐って?

豆腐を
買ってきて

自宅で冷凍!

解凍してさまざまな
料理に使える!

 →  →

市販の豆腐を自宅で凍らせたもの、それが〝冷凍豆腐〟。一度凍らせると中の水分が凍って小さな粒になり、解凍するときに溶け出します。すると豆腐の組成が変わり、肉や魚のように緻密で弾力のある食感になるのです。おいしくてボリュームがあり、材料費もカロリーも控えめ。食卓の強い味方です!

冷凍豆腐のメリット

☑ 食べ応えがあるから
料理のボリュームアップ!

☑ 肉や魚の代わりに使えて
コスパがいい!

☑ 肉料理・魚料理より
カロリー控えめで太りにくい!

☑ 保存がきいて便利!
豆腐のまとめ買いもOK

水けを絞った
木綿豆腐・絹豆腐の違い

木綿
の
冷凍
豆腐

絹
の
冷凍
豆腐

木綿豆腐は製造の過程で一度圧力をかけて水分を抜いているため、冷凍するとスポンジ状になって食感が出ます。絹豆腐は、凍らせると湯葉を重ねたようになめらかな舌触りに。握って好みの形に整えやすいのも特徴です。

冷凍豆腐作りの基本の道具

金属トレーやバット

豆腐は水分が多く冷凍に時間がかかります。熱伝導の良い金属トレーやバットに置くと時間短縮できます。

保存袋

豆腐を開封し、切って冷凍するときは、庫内での乾燥や酸化を防ぐために保存袋へ入れましょう。

キッチンペーパー

切って冷凍するときや、豆腐を電子レンジで解凍するときは、水分が出るのでキッチンペーパーで水けを取ります。

ラップフィルム

豆腐を切って冷凍するとき、ラップで包んでおくと劣化を防げます。豆腐同士やバットへのくっつき防止にも。

冷凍豆腐作りの基本ルール

● 消費・賞味期限内の豆腐を冷凍しましょう。

● 丸ごと冷凍したものは3カ月以内、切って冷凍したものは1カ月以内に使いましょう（P.10）。

● 解凍した豆腐は冷蔵室に保管して、豆腐の消費・賞味期限にかかわらず2日以内に使い切りましょう。

● 冷凍豆腐で作った料理は3日以内、しっかり味をつけた作り置き料理（P.62、64、66）は5日以内に食べ切りましょう。

冷凍豆腐の作り方・使い方

木綿・絹
共通

1. 丸ごと冷凍　冷凍時間 24〜48時間

豆腐を未開封のまま、熱伝導の良い金属トレーに置いて冷凍室に入れます。24〜48時間程度おき、中心まで完全に凍らせます。冷凍の時間が短いとしっかり変質せず、解凍したときくずれてしまうので、余裕があれば2日間放っておくと◎。

▶パックは必ず未開封のまま冷凍しましょう。凍らせても破裂することはありません。

2. 8等分冷凍　冷凍時間 12〜24時間

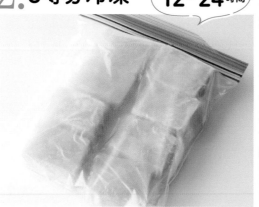

豆腐のパックを開けて水けを切り、包丁で8等分します。2個ずつラップでくるんでから保存袋へ入れ、金属トレーに置いて冷凍します。切って表面積が増えているので、12〜24時間で冷凍豆腐が完成します。少量ずつ使えるのも便利です。

▶ラップで小分けしてから冷凍すると、くっついたまま凍ってしまうのを防げます。

3. さいの目冷凍

冷凍時間 **12**時間

豆腐のパックを開けて水けを切り、包丁で2～3㎝角に切ります。金属バットの底にラップを敷き、切った豆腐を間隔をあけて並べ、さらにラップをかけて、冷凍します。12時間程度おいてカチカチに固まったら、保存袋に移します。

▶豆腐をバットに直接置くとくっついてしまうので、必ずラップを敷いてから。

切って、ちぎって、ほぐして……
肉や魚のように使えます

解凍して水けを絞る

P.12の方法で解凍したら、両手で挟んで押し、水けを絞ります。やや水けが残る程度でOK。

切って、ちぎって、かたまりで使用

包丁で切れば四角く、手でちぎればラフな形に。絹豆腐は、手で握ると肉や魚のようにある程度成形もできます。

細かくほぐしてひき肉風に

ボウルに入れ、手で握って細かくポロポロにすれば、ひき肉のように使うことができます。

冷凍豆腐の解凍法

冷蔵室で

結露水が広がらないようバットなどに入れ、冷蔵室に移して解凍します。

水につけて

大きなボウルに水またはぬるま湯を入れ、冷凍豆腐を密封したままつけます。途中、水を1~2回取り替えると早く解凍できます。

電子レンジで

耐熱皿にキッチンペーパーを敷いて冷凍豆腐を置き、ふんわりとラップをかけて様子を見ながら加熱します。

おすすめ解凍方法と時間の目安 早見表

	冷蔵室で	水につけて	電子レンジ(600w)で
丸ごと冷凍	7~8時間	30~40分	加熱ムラができるため、おすすめしません
8等分冷凍	3~4時間	10~20分	½丁で2分
さいの目冷凍	1~2時間	非加熱調理の場合、冷蔵室解凍がおすすめ	非加熱調理の場合、冷蔵室解凍がおすすめ

凍ったまま使える料理もあります！

さいの目冷凍した豆腐は、すぐに温まるので加熱料理なら凍ったまま使えます。8等分冷凍のものも、煮込み料理なら凍ったまま入れてOKです。

冷凍豆腐Q&A

Q 冷凍しても
豆腐の栄養価は
変わらない?

A 冷凍することによって内部の構造が変わり(変質)、食感は変わりますが、栄養価は生の豆腐と同じです。水けを切ると水分がやや減ります。

Q 高野豆腐や
大豆ミートとは
何が違うの?

A 高野豆腐は、豆腐を冷凍後に乾燥させた乾物。スポンジのような独特の食感で、肉や魚の代用にはなりづらいです。大豆ミートは解凍した冷凍豆腐と似ていますが、作る工程が異なり、価格も豆腐に比べると高価。

Q 解凍時、
水けを切っても切っても
水が出てきます。どこまで
水切りしたらいいですか?

A 両手で軽く押して水けを絞り、まだ水を含んでいる程度でOKです。調理の過程でも水分は飛ぶので、完全に水けを切る必要はありません。

Q お弁当に
入れても
大丈夫ですか?

A 解凍した冷凍豆腐を加熱調理したおかずは、お弁当に入れられます。水分が出ることもありません。非加熱のものはお弁当には避けましょう。

Q 解凍した冷凍豆腐や
作った料理は
再冷凍できますか?

A 一度解凍したものを再冷凍するのは、品質劣化の原因になるので避けましょう。作った料理は冷蔵室で保存して、早めに食べ切って。

Column1

豆腐の豆知識

冷凍すると便利でお財布に優しいだけではなく、栄養価が高くて素材そのものがとっても優秀な豆腐。基本的な情報をご紹介します。

主な豆腐の種類

冷凍OK　【木綿豆腐】

豆乳に凝固剤を加えて固めた後、木綿の布を敷いた型に入れ、圧力をかけて水分を抜いたもの。しっかりとした食感で濃い味わい。

冷凍OK　【絹豆腐】

豆乳に凝固剤を加え、そのまま型で固めて作ったもの。木綿豆腐よりも水分を多く含み、絹のようになめらかな舌触り。

【充塡豆腐】

豆乳と凝固剤を個包装のパックへ充塡し、密封後に加熱をして固めたもの。パックの中に水が入っていないのが目印。なめらかな食感。

【おぼろ豆腐】

豆乳ににがりを加えて加熱し、完全に固まる前にすくい上げたクリーミーな豆腐。水分や油分を取り除かないので大豆の風味が豊か。

※充塡豆腐、おぼろ豆腐は、解凍時にくずれるので冷凍には不向きです。

豆腐の栄養価

豆腐の原料である大豆は、成分の約3割が植物性のたんぱく質。さらに必須アミノ酸をバランスよく含んでいます。豆腐に加工することでより食べやすくなり、栄養素も吸収されやすくなります。その他、大豆イソフラボン、大豆レシチンなどの機能性栄養素も含み、体の調子を整えてくれます。

100gあたりのエネルギー（すべて生）

木綿豆腐	73kcal
絹豆腐	56kcal
豚肉（ロース／脂身つき）	248kcal
牛肉（輸入／肩ロース／脂身つき）	221kcal
鶏肉（親／もも／皮つき）	234kcal

出典：文部科学省「食品成分データベース」

14

まるで肉!?
まるで魚!? な
主菜メニュー

普段は肉や魚を使うメニューを冷凍豆腐で作ったら……!?
見た目も味も、豆腐とは思えない!
体にもお財布にも優しい、そして家族も喜ぶ
ボリュームたっぷりの主菜メニューが21品。
使う豆腐の種類によって変わる食感も楽しんで。

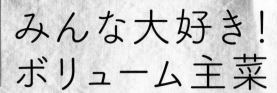

みんな大好き!
ボリューム主菜

1人分
約 *32* 円

鶏肉の唐揚げ風

木綿が
おすすめ

木綿の冷凍豆腐は噛み応えがあり味しみも良いので、醤油味をつけて
香ばしく揚げると、まるで鶏肉！　冷凍豆腐の水分でジューシーさもあり。
あえてランダムにちぎるのが、見た目も鶏肉に近づけるポイントです。

材料（2人分）
解凍した冷凍豆腐(丸ごと)…1丁
A
醤油、酒…各大さじ1
ごま油…小さじ1
塩…小さじ½
おろしにんにく、おろししょうが…各½片分
片栗粉…適量
揚げ油(サラダ油など)…適量
パセリ〈ざく切り〉、レモン〈くし形切り〉…各適量

作り方
1. 冷凍豆腐はランダムなひと口大にちぎり、水けを絞る。
2. ボウルにAを入れてよく混ぜ、1を加えて10分ほどつける。
3. 鍋に揚げ油を入れ、中火で180度に加熱する。2の汁けを軽く絞って片栗粉をまぶし、3分ほど揚げる。
4. 器に盛り、パセリとレモンを添える。

17

1人分
約32円

豚肉のしょうが焼き風

絹が
おすすめ

なめらかな絹の冷凍豆腐は、片栗粉をまぶして焼くと、豚のもも肉や
肩ロース肉のような見た目に。脂身がないのでさっぱりとした味わいです。
甘辛いたれの味をよく含み、ごはんがすすむおいしさ。

材料（2人分）
解凍した冷凍豆腐（丸ごと）… 1丁
片栗粉… 適量
サラダ油… 大さじ2~3
A 醤油、砂糖、酒… 各大さじ1と½
　 おろししょうが… ½片分
水菜〈ざく切り〉、トマト〈乱切り〉… 各適量

作り方

1. 冷凍豆腐は8等分の薄切りにし、水けを絞って片栗粉をまぶす。

2. フライパンにサラダ油を入れ中火で熱し、1を並べて両面焼く。

3. 焼き色がついたらAを加え、やや強火にして煮絡める。

4. 器に水菜とトマトを盛り、3をのせる。

19

牛肉の柔らかステーキ風

1人分
約32円

木綿が
おすすめ

お財布が寂しいけれど豪華なステーキを食べたいときは
冷凍豆腐の厚切りで！　木綿の嚙み応えで満足感たっぷりです。

材料（2人分）

解凍した冷凍豆腐（丸ごと）… 1丁
塩 … 少々
片栗粉 … 適量
オリーブ油 … 大さじ2~3
クレソン〈ざく切り〉、
　　ミニトマト〈半分に切る〉… 各適量

A
ポン酢 … 大さじ2
みりん … 大さじ1
バター … 10g
おろしにんにく…½片分

作り方

1. 冷凍豆腐は端から4等分に切る。水けをしっかり絞って塩を振り、片栗粉をまぶす。

2. フライパンにオリーブ油を入れ中火で熱し、1を並べて両面焼く。

3. 器に2とクレソン、ミニトマトを盛る。

4. 残ったフライパンにAを入れて強火で水分を飛ばし、3にかける。

白身魚の南蛮漬け風

1人分
約93円

絹が
おすすめ

ご飯のおかずにも酒のつまみとしても人気の南蛮漬けを
なめらかな絹の冷凍豆腐で再現。冷やしても硬くならないのでおいしい。

材料（2人分）

解凍した冷凍豆腐（8等分）… 1丁
玉ねぎ … 1/4個
セロリ … 1/2本
にんじん … 1/4本
A │ 酢 … 大さじ4
　 │ 醤油、砂糖、水 … 各大さじ2
　 │ 赤唐辛子(小口切り) … 小さじ1/2
小麦粉 … 適量
サラダ油 … 大さじ2~3

作り方

1. 玉ねぎは薄切り、セロリは筋を取って千切り、にんじんは千切りにする。バットにAとともに入れ、つけておく。

2. 冷凍豆腐は水けを絞って、小麦粉をまぶす。

3. フライパンにサラダ油を入れ中火で熱し、2を入れて焼く。焼き色がついたら1に加え、味がしみ込むまで10分ほど置く。

歓声があがる、
人気中国料理風の主菜

1人分
約*128*円

ふんわり酢豚風

木綿・絹
どちらでも

冷凍豆腐をごろっと大きめに切り、水けをしっかりめに絞って焼くと、
ぎゅっと詰まったかたまり肉のような食感に。サクッとした衣に甘酢あんが
たっぷり絡んで、豆腐とわからないかも! 豪華な見た目で子どもも大喜び。

材料（2人分）

解凍した冷凍豆腐（8等分）…1丁
玉ねぎ…½個
ピーマン…2個
椎茸…3個
片栗粉…適量
サラダ油…大さじ2~3
A｜ポン酢、ケチャップ…大さじ2
　｜酒、砂糖…大さじ1

作り方

1. 玉ねぎはひと口大に、ピーマンはヘタと種を取ってひと口大に切る。椎茸は軸を残して石づきを切り落とし、縦4等分に切る。

2. 冷凍豆腐は水けをしっかり絞り、片栗粉をまぶす。

3. フライパンにサラダ油を入れ中火で熱し、2を入れて焼く。

4. 焼き色がついたら1を入れて炒め合わせ、野菜ときのこに火が通ったらAを加えて煮絡める。

1人分
約**61**円

絹が
おすすめ

エビのチリソース煮風

しなやかな絹の冷凍豆腐は
水けを絞るときに手で形作ることが
できるので、エビチリ風も簡単。

材料（2人分）

解凍した冷凍豆腐（8等分）… 1丁
片栗粉 … 適量
サラダ油 … 大さじ2~3
長ねぎ … 10cm
しょうが … 1片
にんにく … 1片

A
ケチャップ、砂糖、酒、水 … 各大さじ2
ごま油 … 大さじ½
鶏がらスープの素（顆粒）… 小さじ½

レタス〈1.5cm幅に切る〉… 適量

作り方

1. 冷凍豆腐は水けを絞り、片栗粉をまぶ
   す。フライパンにサラダ油を入れ中火で
   熱し、焼き色がつくまで焼く。

2. 長ねぎ、しょうが、にんにくはみじん切
   りにする。耐熱ボウルに入れ**A**を加え
   てよく混ぜ、さらに**1**を加えて和える。

3. ラップをふんわりとかけ、電子レンジ
   で3分加熱する。

4. 取り出してひと混ぜする。ラップを同
   様にかけてもう2分加熱し、とろみがつ
   いたら完成。レタスを敷いた器に盛る。

青椒肉絲風
（チン ジャオ ロー ス）

1人分 約129円 木綿が おすすめ

木綿の冷凍豆腐の細切りを肉の代わりに使うと、オイスターソースの
コクも加わり、味も見た目も青椒肉絲そのもの。野菜を替えて応用もききます。

材料（2人分）

解凍した冷凍豆腐（丸ごと）… 1丁
片栗粉 … 適量
サラダ油 … 大さじ2~3
ピーマン … 2個
パプリカ（黄）… ½個
ごま油 … 大さじ2
A｜オイスターソース、酒 … 各大さじ ½
　｜醤油、ごま油 … 各小さじ ½
　｜砂糖 … ふたつまみ

作り方

1. 冷凍豆腐は細切りにして水けを
   絞り、片栗粉を薄くまぶす。

2. ピーマンとパプリカはヘタと種を
   取り、5mm幅の斜め細切りにする。

3. フライパンにごま油を入れ中火で
   熱し、1を入れて焼く。焼き色が
   ついたら2を加えて1分ほど炒め、
   Aを加えて炒め合わせる。

和・洋・エスニックの
鶏肉風主菜

1人分
約 *169* 円

鶏と彩り野菜の黒酢あんかけ風

絹が
おすすめ

見映え良く、黒酢の旨味で味わい深く、家庭料理の新定番となった1品。
絹の冷凍豆腐で作ると、野菜の歯応えとしっとりした豆腐の
食感のコントラストが楽しめます。少なめの油で揚げ焼きすれば手軽。

材料（2人分）

解凍した冷凍豆腐(8等分)…1丁
れんこん…100g
なす…1本
パプリカ(赤)…½個
片栗粉　適量
揚げ油(サラダ油など)…適量

A	水…50㎖
	黒酢、砂糖…各大さじ1と½
	醤油…大さじ1
	酒…大さじ½
B	片栗粉…大さじ½
	水…大さじ1

作り方

1. れんこんは皮をむいて1㎝幅の半月切り、なすはヘタを取って乱切り、パプリカはヘタと種を取って乱切りにする。冷凍豆腐は水けを絞って片栗粉をまぶす。

2. フライパンに揚げ油を高さ1㎝程度入れ、中火で180度に加熱する。*1*をれんこん、なす、パプリカ、豆腐の順に入れて揚げ焼きし、器に盛る。

3. 小鍋に**A**を入れて中火で加熱する。沸騰したらよく混ぜ合わせた**B**を加えてとろみをつけ、*2*にかける。

油淋鶏風
ユー　リン　チー

1人分
約50円

木綿・絹
どちらでも

大きな1枚で揚げても、豆腐なら中が生という心配無用。
凍らせて〝す〟が入った断面は、まるで鶏肉！ たれがしっかり絡みます。

材料（2人分）

解凍した冷凍豆腐（丸ごと）…1丁
長ねぎ…10㎝
醤油、酢、砂糖…各大さじ1
A ラー油…小さじ1
おろしにんにく…½片分
片栗粉…適量
揚げ油（サラダ油など）…適量
サニーレタス…適量

作り方

1. 長ねぎをみじん切りにし、ボウルに入れてA
を加え混ぜる。

2. 冷凍豆腐は厚みを半分に切り、水けを絞っ
て片栗粉をまぶす。

3. フライパンに揚げ油を入れ、中火で180度
に加熱する。2を3分ほど揚げる。

4. 食べやすく切って、サニーレタスを敷いた器
に盛り、1をかける。

チキン南蛮風

1人分 約**57**円

絹が おすすめ

鶏肉の代わりに絹の冷凍豆腐を使うと形が作りやすく、
見た目がそっくりに。甘辛だれとタルタルソースで箸が止まらない！

材料（2人分）
解凍した冷凍豆腐（8等分）…1丁
A｜醤油、砂糖、酢…各大さじ1と½
ゆで卵…1個分
甘酢らっきょう漬け（市販）…20g
マヨネーズ…大さじ1
片栗粉…適量
揚げ油（サラダ油など）…適量
キャベツ〈千切り〉、
　　ミニトマト〈4つ切り〉…各適量

作り方
1. バットにAを入れてよく混ぜておく。
2. ゆで卵は粗みじん切り、甘酢らっきょう漬けはみじん切りにする。ボウルに入れてマヨネーズを加え混ぜ、タルタルソースを作る。
3. 冷凍豆腐は水けを絞り、片栗粉をまぶす。
4. 鍋に揚げ油を入れ、中火で180度に加熱する。3を3分ほど揚げる。
5. 1に4を入れて絡ませ、器に盛る。キャベツとミニトマトを添え、2のタルタルソースをかける。

29

材料（2人分）

解凍した冷凍豆腐（丸ごと）…1丁

A
| 酒…大さじ½
| おろしにんにく、おろししょうが
| …各½片分
| 塩…少々

揚げ油（サラダ油など）…適量

片栗粉…適量

B
| 水…大さじ3
| スイートチリソース…大さじ2
| コチュジャン…大さじ1
| はちみつ…大さじ½
| 醤油、砂糖…各小さじ1

約40円

1人分

ヤンニョムチキン風

木綿が
おすすめ

甘辛いたれがビールによく合う、韓国風
フライドチキンをアレンジ。パンチの効いた味を
しっかり受け止める木綿の噛み応えが相性◎。

作り方

1. 冷凍豆腐はひと口大にちぎり、水けを絞る。

2. ボウルにAを入れてよく混ぜ合わせ、1を加
   えて10分ほどつける。

3. 鍋に揚げ油を入れ、中火で180度に加熱す
   る。2の汁けを軽く絞って片栗粉をまぶし、3
   分ほど揚げる。

4. 小鍋にBを入れて中火にかけ、軽く煮詰まっ
   たら3を加えて絡め、器に盛る。

鶏の磯辺揚げ風

1人分
約43円

絹が
おすすめ

あっさり塩味の揚げ物は、衣に忍ばせた鶏がらスープの素が決め手。
一気に肉っぽくなります。青のりの風味と絹のなめらかさがマッチ。

材料（2人分）

解凍した冷凍豆腐（8等分）…1丁

A
小麦粉、片栗粉…各25g
水…大さじ4
青のり…大さじ1
鶏がらスープの素（顆粒）
　…小さじ1

揚げ油（サラダ油など）…適量
大葉…2枚
塩…適量

作り方

1. 冷凍豆腐は水けを絞る。Aをよく混ぜ合わせる。

2. 鍋に揚げ油を入れ、中火で170度に加熱する。Aに豆腐をくぐらせ、3分ほど揚げる。

3. 大葉を敷いた器に2を盛り、塩を振る。

1人分
約 **110** 円

絹が
おすすめ

鶏の照り焼き風

お弁当の定番でもある鶏の照り焼き。なめらかな絹の冷凍豆腐で
もも肉のジューシーな食感に近づけて。食べ盛りの子どもはもちろん、
肉の脂で胃もたれしがちな大人も、みんなにうれしい1品です。

材料（2人分）
解凍した冷凍豆腐(8等分)…1丁
しし唐辛子…8本
片栗粉…適量
サラダ油…大さじ2~3
A
醤油…大さじ1
砂糖…小さじ2
酒…大さじ½
みりん…大さじ½

作り方

1. 冷凍豆腐は水けを絞って、片栗粉をまぶす。しし唐辛子はヘタを切り落
として、竹串で数か所穴をあける。

2. フライパンにサラダ油を入れ中火で熱し、*1*を入れて焼く。

3. 焼き色がついたら余分な油をペーパーでふき取り、**A**を加えて煮絡め、
器に盛る。

鶏胸肉のカレーチーズピカタ風

1人分
約95円

木綿・絹
どちらでも

イタリア発祥の肉料理、ピカタ。冷凍豆腐を鶏肉に見立て
濃厚なカレーチーズ味の卵衣をつけて焼きます。ついもう1枚と手がのびる!

材料（2人分）

解凍した冷凍豆腐（丸ごと）…1丁
塩…少々
小麦粉…適量

A
溶き卵…1個分
粉チーズ…大さじ2
カレー粉…小さじ2

サラダ油…大さじ2~3
ベビーリーフ、ケチャップ…各適量

作り方

1. 冷凍豆腐は8等分の薄切りにし、水けを絞り、塩を振って、小麦粉をまぶす。Aをバットによく混ぜ合わせておく。

2. フライパンにサラダ油を入れ中火で加熱する。1の豆腐をAにくぐらせ、両面を焼く。

3. ベビーリーフをのせた器に盛り、ケチャップを添える。

34

鶏ときのこのクリーム煮風

1人分 約138円

絹が おすすめ

冷凍豆腐にまぶした小麦粉でとろみをつける、簡単クリーム煮。
クリームときのこのまろやかな風味に包まれて、誰も豆腐とは気づかないかも。

材料（2人分）

解凍した冷凍豆腐（8等分）…1丁
塩…少々
小麦粉…適量
しめじ…1株
バター…30g
A 牛乳…200ml
　コンソメスープの素（顆粒）
　　…小さじ1
パセリ〈みじん切り〉…適量

作り方

1. 冷凍豆腐は水けを絞り、塩を振って小麦粉を
   まぶす。しめじは石づきを落としてほぐす。

2. フライパンにバターを入れ弱火で熱し、豆腐
   を入れ両面焼く。焼き色がついたらしめじを
   加え、軽く炒め合わせる。

3. Aを加え、弱めの中火で5~6分ほど煮込む。
   器に盛り、パセリを散らす。

こんな料理も冷凍豆腐で作れる!

カツ煮風

材料 (2人分)

解凍した冷凍豆腐(丸ごと)…1丁
小麦粉…適量
溶き卵…適量
パン粉…適量
揚げ油(サラダ油など)…適量
玉ねぎ…½個

A
水…150mℓ
醤油、みりん…各大さじ2
酒、砂糖…各大さじ1
和風だしの素(顆粒)…小さじ1

卵…3個
三つ葉〈ざく切り〉…適量

1人分
約107円

木綿が
おすすめ

衣がたっぷりつゆを含み、まろやかな卵に
包まれて、最後のひと口までカツ煮そのもの。
トンカツ風の食感を出すためにぜひ木綿で。

作り方

1. 冷凍豆腐は厚みを半分に切り、水けを絞る。

2. 鍋に揚げ油を入れ、中火で180度に加熱する。1に小麦粉、溶き卵、パン粉の順に衣をつけ、3分ほど揚げ、食べやすく切る。

3. 玉ねぎは薄切りにする。フライパンに玉ねぎとAを入れて中火にかけ、玉ねぎに火が通ったら2を加える。卵をボウルに割りほぐし、フライパンに回し入れて蓋をする。

4. 卵が好みの固さになったら器に盛り、三つ葉を飾る。

チキンピラフ風

炊飯器で炊き込む簡単版ピラフ。さいの目切りの冷凍豆腐なら
鶏肉のような下処理が不要でさらに手軽！　パスタソースの油分でコクを足して。

材料（2人分）
冷凍豆腐（さいの目）…½丁
米…1合
ミックスベジタブル（冷凍）…30g
ペペロンチーニパスタソース（市販）
　…1袋（1人分）
パスタソース付属のトッピング
　…1袋

作り方
1.　米は洗って炊飯器に入れ、1合分の目盛の2
　　mm下まで水を注ぐ。
2.　冷凍豆腐（凍ったまま）とミックスベジタブル、
　　パスタソースを加え、いつもの通りに炊く。
3.　炊き上がったら、ひと混ぜして器に盛り、付
　　属のトッピングを散らす。

鶏ささみの梅しそチーズ巻き風

1人分 約206円

絹が おすすめ

絹の冷凍豆腐の湯葉を思わせる舌触りは、高級な鶏ささみのよう。
豆腐&梅しそのさっぱり感にチーズのコク、パリパリの衣というバランスが絶妙。

材料（2人分）
解凍した冷凍豆腐（8等分）…1丁
春巻きの皮…8枚
チーズ（スライス）…4枚
梅干し…1～2個
大葉…8枚
A｜水、小麦粉…各大さじ1
揚げ油（サラダ油など）…適量

作り方
1. 冷凍豆腐は水けを絞る。チーズは半分に切り、梅干しは種を取って包丁でたたく。

2. 春巻きの皮を角が手前にくるように置き、中央にチーズ½枚、豆腐1個、梅干し少々の順にのせ、奥に大葉を置く。左右の皮を内側に畳み、手前からくるくると巻いて、巻き終わりによく混ぜ合わせたAを塗って留める。同様に計8本作る。

3. 鍋に揚げ油を入れ、中火で180度に加熱する。きつね色になるまで2～3分ほど揚げ、器に盛る。

串カツ風

1人分
約72円

木綿・絹
どちらでも

牛肉や豚肉で作るよりあっさりしていて、サクサクと
何本でも食べられる！ 中が半生という心配がないので気軽に作れます。

材料（2人分）
解凍した冷凍豆腐（8等分）…½丁
いんげん…8本
小麦粉…適量
溶き卵…適量
パン粉…適量
揚げ油（サラダ油など）…適量
キャベツ〈ざく切り〉…1枚
ソース、マヨネーズ…各適量
竹串…4本

作り方
1. 冷凍豆腐は長さを半分に切って水けを絞り、いんげんは長さを半分に切る。
2. 1の豆腐といんげんを交互に串に刺し、小麦粉、溶き卵、パン粉の順に薄く衣をつける。
3. 鍋に揚げ油を入れ、中火で180度に加熱する。3分ほど揚げる。
4. 器にキャベツと3を盛り、ソースをかけ、好みでマヨネーズを添える。

39

1人分
約 **201**円

木綿が
おすすめ

グリーンカレー風

しっかり弾力のある木綿の
冷凍豆腐でタイ風カレーの
コクを受け止めて。断面の凹凸に味がなじみます。

材料（2人分）

解凍した冷凍豆腐（8等分）…1丁
小麦粉…適量
なす…1本
パプリカ（赤）…¼個
サラダ油…大さじ2
グリーンカレーペースト…20g
A ［ ココナッツミルク…200㎖
水…100㎖
砂糖…大さじ1
ナンプラー…小さじ2
鶏がらスープの素（顆粒）…小さじ½
バジルの葉…10枚

作り方

1. 冷凍豆腐は水けを絞り、小麦粉を薄くまぶす。

2. なすはヘタを取り、皮をむいて乱切りにする。パプリカはヘタと種を取って乱切りにする。

3. 鍋にサラダ油を入れ中火で熱し、1を焼く。焼き色がついたら皿に取り出して、残った油でグリーンカレーペーストを炒める。

4. 香りが立ったらAと2、取り出した豆腐を入れて中火で5分ほど煮る。

5. 器に盛り、バジルを散らす。

アクアパッツァ風

白身魚の代わりに冷凍豆腐を。あさりやミニトマトの
旨味をたっぷり含んだスープが中までしみて、ごちそうに！

1人分
約380円

木綿・絹
どちらでも

材料（2人分）

解凍した冷凍豆腐（8等分）…1丁

あさり…150g

ミニトマト…8個

にんにく…1片

オリーブ油…大さじ2

A｜水…200㎖
　｜白ワイン…50㎖
　｜コンソメスープの素（顆粒）
　｜　…小さじ1

イタリアンパセリ…適量

作り方

1. あさりを砂抜きする。冷凍豆腐は水けを絞って半分に切り、ミニトマトは半分に切る。にんにくは薄切りにする。

2. フライパンにオリーブ油とにんにくを入れ弱火で熱し、香りが出たら豆腐を入れ、焼き色がつくまで両面を焼く。

3. あさりとミニトマトとAを加え、蓋をして中火で5分ほど蒸し煮にする。

4. 器に盛り、イタリアンパセリを散らす。

まるでひき肉!?
味も見た目も
そっくりおかず

水けを切った冷凍豆腐をしっかりほぐし、
味をしみ込ませると、
まるでひき肉料理のような食感と味わいになります。
あっさりした鶏ひき肉や豚ひき肉料理の代用に。
種明かしをしないと誰も気づかないかも？
全23品、作り置きの活用レシピもご紹介します。

ひき肉風・人気の
メインおかず

1人分
約**71**円

焼き餃子風 絹が おすすめ

ニラ、にんにく、しょうがといった香りの強い野菜を混ぜるので、
味も香りも肉餃子に遜色なし！ 肉の油が出ないので、フライパンに
サラダ油をしっかりなじませることが上手に焼くコツです。

材料（作りやすい分量：24個／4人分）

解凍した冷凍豆腐（丸ごと）…1丁

キャベツ…100g

ニラ…½束

塩…小さじ⅓

A｜ 醤油、オイスターソース、片栗粉
　　　…各大さじ1
　｜ ごま油…大さじ½
　｜ おろしにんにく、おろししょうが
　　　…各½片分

餃子の皮…24枚

サラダ油…大さじ1

酢醤油（酢と醤油1:1で混ぜる）…適量

作り方

1. 冷凍豆腐は水けを絞って細かくほぐす。

2. キャベツとニラはみじん切りにする。塩を振って軽くもみ、10分ほどおい
　 てから水分をしっかり絞る。

3. ボウルに1と2、Aを入れてよく混ぜ、餃子の皮で包む。

4. フライパンにサラダ油を入れ中火で熱し、3を並べ、底に焼き色がついた
　 ら水100ml（分量外）を注ぎ、蓋をして5分ほど焼く。

5. 蓋を取って水分を飛ばし、器に盛りつける。好みで酢醤油を添える。

> 1人分
> 約 *277* 円

なすのミートグラタン風

絹が
おすすめ

焼いたなすとチーズでボリュームは充分なので、むしろ肉よりさっぱりと
胃もたれせず人気が出るかも⁉　玉ねぎやトマトと冷凍豆腐を一緒に
炒めることで、豆腐の中まで野菜の旨味がしみわたります。

材料（2人分）

解凍した冷凍豆腐（丸ごと）…1丁
玉ねぎ…¼個
にんにく…1片
トマト…1個
なす…2本
サラダ油…大さじ4
チーズ（ピザ用）…50g

A ｜ ケチャップ、中濃ソース、酒…各大さじ1
｜ コンソメスープの素（顆粒）、砂糖…各小さじ½

作り方

1. 玉ねぎとにんにくはみじん切りにする。

2. 冷凍豆腐は水けを絞って細かくほぐす。トマトはざく切り、なすはヘタを
取って1cm幅の輪切りにする。

3. フライパンにサラダ油大さじ3を入れ中火で熱し、なすを並べて両面焼
き、取り出す。

4. フライパンに残りのサラダ油と*1*を入れ中火で熱し、玉ねぎが透き通っ
てきたら豆腐とトマト、**A**を加え、弱めの中火で3～4分ほど煮る。

5. グラタン皿に*3*と*4*を2層に重ねて入れ、チーズをのせる。オーブントー
スターで5分ほど焼く。

材料（2人分）

解凍した冷凍豆腐（丸ごと）… 1丁
長ねぎ… 10cm
しょうが… ½片
にんにく… ½片
ニラ… ¼束
ごま油… 大さじ1
豆板醤… 小さじ1

A | 水… 200mℓ
酒… 大さじ1
醤油… 小さじ2
オイスターソース、鶏がらスープの素
（顆粒）… 各小さじ1

緑豆春雨… 50g

<ruby>麻婆<rt>マーボー</rt></ruby>春雨風

麻婆春雨風　1人分約106円　絹がおすすめ

ほぐした冷凍豆腐をたっぷりの香り野菜と
しっかり炒めてからスープを作ることがコツ。
豆腐に味が入って肉っぽさが増します。

作り方

1. 長ねぎ、しょうが、にんにくはみじん切りに
   する。

2. 冷凍豆腐は水けを絞って細かくほぐす。ニラ
   は3cm長さに切る。

3. フライパンにごま油と1を入れ中火で熱し、
   香りが立ったら豆腐と豆板醤を加え炒める。

4. 水分が飛んでぱらっとしてきたらAを入れ、
   煮立ったらニラと緑豆春雨（乾燥のまま）を
   加え、軽く混ぜながら汁けがなくなるまで煮る。

チリコンカン風

1人分
約140円

絹が
おすすめ

ひき肉や玉ねぎ、トマト、豆などを煮込んだメキシコ料理をアレンジ。
冷凍豆腐で作ると、まるで肉のようなのに軽いのでいくらでも食べられます。

材料（作りやすい分量：4人分）

解凍した冷凍豆腐（丸ごと）… 1丁
玉ねぎ… 1個
にんにく… 1片
オリーブ油… 大さじ1
蒸し大豆（市販）… 150g

A
トマト缶（カット）… 1缶（400g）
赤ワイン… 50mℓ
塩、チリパウダー、
　　クミンパウダー… 各小さじ1

粉チーズ… 大さじ1
トルティーヤチップス… 適量

作り方

1. 玉ねぎとにんにくはみじん切りにする。

2. 冷凍豆腐は水けを絞って細かくほぐす。

3. 鍋にオリーブ油と1を入れ中火で熱し、玉ねぎが透き通ってきたら2を入れて軽く炒める。

4. 蒸し大豆とAを加え、沸騰したら弱めの中火で、途中かき混ぜながら30分ほど煮る。

5. 器に盛り、粉チーズを振ってトルティーヤチップスを添える。

ヘルシーランチに！
丼＆混ぜご飯

1人分
約 **174** 円

ドライカレー風

絹が
おすすめ

鶏ひき肉で作ったようなあっさり風味。ドライカレーは
カレー粉を使って作ることも多いですが、冷凍豆腐から脂が出ない分、
カレールウを使ってコクをプラスしています。

材料（2人分）

解凍した冷凍豆腐（丸ごと）…1丁
玉ねぎ…½個
にんじん…⅓本（50g）
ピーマン…1個
おろしにんにく…1片分
おろししょうが…1片分
サラダ油…大さじ1
カレールウ…30g
水…200㎖
ごはん…茶碗2杯分
ゆで卵…2個
パセリ〈みじん切り〉…適量

作り方

1. 冷凍豆腐は水けを絞って細かくほぐす。玉ねぎ、にんじんはみじん切り
   に、ピーマンはヘタと種を取ってみじん切りにする。

2. 鍋にサラダ油、おろしにんにく、おろししょうがを入れて中火にかけ、香
   りが出たら1を加え炒める。

3. カレールウを粗みじんに切る。野菜がしんなりしたらルウと水を加え、弱
   めの中火で5分ほど煮る。

4. 器にごはんと3を盛る。ゆで卵を半分に切ってのせ、パセリを散らす。

51

ガパオライス風

絹がおすすめ

タイにはヴィーガン料理店も多く、タイ料理と冷凍豆腐は
相性良し！　火が通りやすい野菜だけを使うので一気に炒め上がります。

材料（2人分）

解凍した冷凍豆腐（丸ごと）…1丁
ピーマン…1個
パプリカ（赤）…½個
にんにく…1片分
サラダ油…大さじ1
豆板醤…小さじ½

A｜オイスターソース…小さじ2
　｜ナンプラー、酒、砂糖…各小さじ1

バジルの葉…10枚
ごはん…茶碗2杯分
温泉卵…2個

作り方

1. 冷凍豆腐は水けを絞って細かくほぐす。ピーマンとパプリカはヘタと種を取って1cm角に切る。

2. にんにくをみじん切りにする。フライパンにサラダ油とにんにく、豆板醤を入れて弱火で炒め、香りが立ったら*1*を加え中火で炒める。

3. 全体に火が通ったらAを加えて調味し、バジルの葉を加えて軽く混ぜる。

4. 器にごはんと*3*を盛り、温泉卵をのせる。

材料（2人分）

解凍した冷凍豆腐（丸ごと）…1丁

玉ねぎ…½個

にんにく…1片

オリーブ油…大さじ1

A
ケチャップ…大さじ3
ウスターソース…大さじ1
カレー粉、コンソメスープの素
（顆粒）…各小さじ1
醤油…小さじ½

ごはん…茶碗2杯分

レタス…3〜4枚

ミニトマト…8個

チーズ（生食用シュレッド）…適量

タコライス風

1人分
約324円

絹が
おすすめ

実は沖縄発祥のタコライス。ケチャップや
ウスターソース、カレー粉など味の強い調味料を
組み合わせ、肉並みのコクを演出します。

作り方

1. 玉ねぎとにんにくはみじん切りにする。

2. 冷凍豆腐は水けを絞って細かくほぐす。

3. フライパンにオリーブ油と1を入れ弱火で炒
   め、玉ねぎが透き通ってきたら2を加えて軽
   く炒め、Aを入れて調味する。

4. レタスは細切り、ミニトマトは4等分に切る。

5. 器にごはんを盛り、レタス、ミニトマト、3、チ
   ーズの順にのせる。

鶏ごぼうの混ぜご飯風

1人分
約 **63** 円

絹が
おすすめ

和風の混ぜご飯に冷凍豆腐はやはり相性抜群。ボリュームが
出るので白飯の量を減らしても満腹感があり、ダイエットにもぴったりです。

材料（2人分）

解凍した冷凍豆腐（8等分）…½丁
ごぼう…¼本
にんじん…⅕本（30g）
しょうが…½片
ごま油…大さじ1
A 醬油、酒…各大さじ1
　 砂糖、みりん…各大さじ½
ごはん…茶碗2杯分

作り方

1. 冷凍豆腐は水けを絞って細かくほぐす。ごぼうはささがき、にんじんは千切り、しょうがはみじん切りにする。

2. フライパンにごま油を入れ中火で熱し、1を加え炒める。

3. 野菜に火が通ったらAを加え、汁けがなくなるまで炒り煮にする。

4. ごはんに3を混ぜ、器に盛る。

54

材料（2人分）

解凍した冷凍豆腐（丸ごと）…1丁

たけのこ（水煮）…50g

椎茸…1枚

しょうが…½片

にんにく…½片

ごま油…大さじ1

A | 水…100mℓ
A | 酒…大さじ2
A | 醤油、砂糖…各大さじ1
A | 酢…小さじ2
A | 八角…1個

ゆで卵…1個

パクチー〈ざく切り〉…適量

ごはん…茶碗2杯分

魯肉飯風 (ルー ロー ハン)

1人分
約**108**円

絹がおすすめ

八角とごま油の香り、たけのこ、椎茸の旨味を
すべて豆腐に吸わせ、肉のような存在感を出した
食べ応えのあるアジアン丼です。

作り方

1. 冷凍豆腐は水けを絞って細かくほぐす。たけ
   のこは5mm角に切る。椎茸は軸を残して石づ
   きを切り落とし同じく5mm角に切る。

2. しょうが、にんにくをみじん切りにする。ごま
   油と一緒に鍋に入れて中火で熱し、香りが
   出たら1を入れ炒める。

3. 全体がしんなりしたらAを加え、弱火にして
   汁けがなくなるまで煮る。

4. 器にごはんと3を盛る。半分に切ったゆで卵
   とパクチーをのせる。

みんなでワイワイ囲む
＋1おかず

タイ風春雨サラダ風

絹が
おすすめ

ひき肉の代わりに絹の冷凍豆腐を使うと、色が濁らないので
野菜の彩りが生き、ヘルシーなおもてなし料理にもうってつけ。
豆腐と春雨が旨味をしっかり吸うので、お弁当にも向いています。

材料（2人分）

解凍した冷凍豆腐（8等分）…½丁

赤玉ねぎ…¼個

セロリ…10cm

ミニトマト…4個

緑豆春雨…30g

A｜ナンプラー、レモン汁、砂糖…各大さじ1
　｜赤唐辛子(小口切り)…小さじ½

パクチー〈ざく切り〉…適量

作り方

1. 冷凍豆腐は水けを絞って細かくほぐす。

2. 赤玉ねぎは薄切り、セロリは筋を取って斜め薄切り、ミニトマトは横半分
   に切る。鍋に湯を沸かし、春雨をパッケージの表示通りゆで、水けを切る。

3. ボウルに1と2、Aを加えて和え、冷蔵庫で冷やす。

4. 器に盛り、パクチーを散らす。

ひき肉のニラ玉炒め風

ニラ玉のひき肉にはぼろぼろしたイメージがありますが、冷凍豆腐で
作るとふっくらジューシー！ 卵をマヨネーズで炒めてコクをプラス。

材料（2人分）
解凍した冷凍豆腐（丸ごと）…1丁
ニラ…½束
溶き卵…2個分
マヨネーズ…大さじ1
ごま油…小さじ2

A
　オイスターソース…小さじ2
　みりん…小さじ1
　醤油、鶏がらスープの素（顆粒）
　　…各小さじ⅓

作り方

1. 冷凍豆腐は水けを絞って細かくほぐす。ニラ
は3cm幅に切る。

2. フライパンにマヨネーズを入れ中火で熱し、
溶き卵を入れて大きく混ぜ、半熟状になった
ら取り出す。

3. フライパンにごま油を足して中火で熱し、豆
腐を炒める。軽く水分が飛んだらニラを加え
てさっと炒め合わせ、Aを加え、2を戻し入れ
てひと混ぜする。

ひき肉とキャベツの
カレー春巻き風

バター&カレー風味という、子どもが大好きな
要素を具に詰め込んだ春巻き。冷凍豆腐のおかげで
水分が出にくく、パリパリ食感が続きます。

材料（2人分）

解凍した冷凍豆腐（8等分）… ½丁
キャベツ … 3枚
バター … 10g
おろしにんにく … ⅓片分
A ┌ カレー粉 … 小さじ1
　└ 塩 … 小さじ¼
B │ 水、小麦粉 … 各大さじ1
春巻きの皮 … 3枚
揚げ油（サラダ油など）… 適量
サニーレタス … 適量

作り方

1. 冷凍豆腐は水けを絞って細かくほぐす。キャベツは細切りにする。

2. フライパンにバターとおろしにんにくを入れ中火にかけ、香りが出たら1を入れて炒め、Aを加え混ぜる。粗熱を取る。

3. 春巻きの皮は三角形になるよう半分に切り、2を6等分してのせて包み、よく混ぜ合わせたBで留める。同様に計6本作る。

4. フライパンに揚げ油を高さ1cm程度入れ、中火で180度に加熱する。3を一度に全部入れて揚げ焼きにする。

5. 器に盛って、サニーレタスを添える。

かぶのそぼろ煮風

1人分
約 82円

絹が
おすすめ

鶏そぼろよりもあっさりとして、より和食らしい1品。
しょうがと一緒にしっかり炒めてから水分を加えることで、味が締まります。

材料（2人分）

解凍した冷凍豆腐（8等分）… ½丁
かぶ（中）… 2個
しょうが… ½片
サラダ油… 小さじ2

A
｜ 水… 200㎖
｜ 醬油、みりん… 各大さじ1
｜ 砂糖… 大さじ½
｜ 和風だしの素（顆粒）… 小さじ½

B
｜ 片栗粉… 小さじ1
｜ 水… 大さじ1

作り方

1. 冷凍豆腐は水けを絞って細かくほぐす。

2. かぶは茎を2cm程度残して切り、皮をむいて
   縦半分に切る。しょうがはみじん切りにする。

3. 鍋にサラダ油としょうがを入れ中火で熱し、
   香りが立ったら1を加え炒める。

4. 汁けが飛んだら2とAを加え、落とし蓋をし
   て弱めの中火で10分ほど煮る。

5. 蓋を取り、よく混ぜ合わせたBを鍋に加え、
   とろみをつける。

チキンナゲット風

ほぐした冷凍豆腐を卵と片栗粉でつなぎ、マヨネーズを
隠し味にして、食べ応えのあるチキンナゲット風に。コーンの食感も楽しい！

材料（2人分）

解凍した冷凍豆腐（丸ごと）…1丁
コーン（缶詰または冷凍）
　　…大さじ2~3
溶き卵…2個分
A 　片栗粉…大さじ1
　　マヨネーズ、コンソメスープの素
　　（顆粒）…各小さじ1
揚げ油（サラダ油など）…適量
ケチャップ…適量

作り方

1. 冷凍豆腐は水けを絞って細かくほぐす。

2. 溶き卵を入れたボウルに、1とコーン、Aを
　 加えてよく混ぜる。

3. 鍋に揚げ油を入れ、中火で180度に加熱す
　 る。2をスプーンですくい、ひと口大に丸め
　 て油に入れ、3分ほど揚げる。

4. 器に盛り、ケチャップを添える。

ひき肉風冷凍豆腐の
作り置き活用レシピ

ミートソースやそぼろ、肉みそなどを冷凍豆腐で作ると、さっぱり軽やかな味わいに。
肉だと保存時に脂が浮いて固まるけれど、豆腐ならそれもありません。
冷蔵庫で5日程度保存がきき、さまざまな料理に使い回せます。

1人分
約**71**円

ミートソース風

絹が
おすすめ

トマトたっぷりの軽やかな
ミートソース風。水分が飛んだ後の豆腐は、
トマトや野菜の旨味を吸っています。
好みでハーブやスパイスを加えても OK。

材料（作りやすい分量：4人分）

解凍した冷凍豆腐（丸ごと）…1丁
玉ねぎ…½個
にんじん…⅓本（50g）
にんにく…1片
オリーブ油…大さじ1

A｜ トマト缶（カット）…1缶（400g）
｜ ケチャップ…大さじ3
｜ コンソメスープの素（顆粒）…小さじ1
｜ 塩…小さじ½

作り方

1. 玉ねぎ、にんじん、にんにくはみじん切りにする。

2. 冷凍豆腐は水けを絞って細かくほぐす。

3. 鍋にオリーブ油と1を入れ弱火で炒め、玉ねぎが透き通ってきたら2を加えて軽く炒める。

4. Aを入れ、沸騰したら弱めの中火にして途中かき混ぜながら20分ほど煮る。

冷蔵保存法

粗熱が取れたら保存容器に入れ、冷蔵室で保存。食べるときは、乾いた清潔なスプーンで使う分だけ取り分ける。保存期間は5日間。

冷凍豆腐のミートソース風 活用レシピ

ミートソース風パスタ

材料（1人分）
冷凍豆腐のミートソース風（P.62）
　　…お玉2杯分
スパゲティ…100g
粉チーズ、パセリ〈みじん切り〉
　　…各適量

作り方

1. スパゲティは表示通りにゆで、器に盛る。

2. レンジで温めた冷凍豆腐のミートソース風をかけ、粉チーズ、パセリを振る。

アスパラガスのミートソース風＆温玉のせ

材料（1人分）
冷凍豆腐のミートソース風（P.62）
　　…大さじ2〜3
アスパラガス…3本
温泉卵…1個
こしょう（黒）…少々

作り方

1. アスパラガスは根元の固い皮をピーラーでむき、熱湯で1分ほどゆでる。長さを半分に切って器に盛る。

2. 好みでレンジで温めた冷凍豆腐のミートソース風をかけて温泉卵をのせ、こしょうを振る。

和風鶏そぼろ風

1人分
約 **29**円

絹が
おすすめ

しょうがを効かせたさっぱり和風味の鶏そぼろ風。
野菜を切る手間がかからないので、解凍した冷凍豆腐が
余ったときにもさっと作れます。

材料（作りやすい分量：2人分）

解凍した冷凍豆腐（丸ごと）… 1丁
サラダ油… 大さじ1

A | 醤油、砂糖、酒… 各小さじ2
おろししょうが… 1/3片分

冷蔵保存法

粗熱が取れたら保存容器
に入れ、冷蔵室で保存。食
べるときは、乾いた清潔な
スプーンで使う分だけ取り
分ける。保存期間は5日間。

作り方

1. 冷凍豆腐は水けを絞って細かくほぐす。

2. フライパンにサラダ油を入れ中火で熱し、1を入れ炒める。

3. 水分が飛んだらAを加え炒め合わせる。

冷凍豆腐の**和風鶏そぼろ風** 活用レシピ

3色丼風

材料（1人分）

冷凍豆腐の和風鶏そぼろ風（P.64）… ½量
絹さや〈ゆでたもの〉…1枚
サラダ油…小さじ1
溶き卵…1個分

A 砂糖、酒…各大さじ½
  塩…少々

ごはん…茶碗1杯分

作り方

1. 絹さやは斜め半分に切る。溶き卵を入れた
   ボウルに**A**を入れよく混ぜる。フライパンにサラダ油を入れ
   中火で熱し、卵液を入れ、そぼろ状になるまで箸4本でかき混ぜながら炒める。

2. ごはんにレンジで温めた冷凍豆腐の和風鶏そぼろ風と*1*を彩りよく盛る。

鶏そぼろ風の和風トースト

材料（1人分）

冷凍豆腐の和風鶏そぼろ風（P.64）
   …大さじ3
青ねぎ…1本
マヨネーズ…大さじ1
チーズ（ピザ用）…10g
食パン（好みの厚さ）…1枚

作り方

1. 青ねぎを小口切りにしてボウルに入れる。
   冷凍豆腐の和風鶏そぼろ風、マヨネーズ、
   チーズを加えて混ぜ、食パンにのせる。

2. オーブントースターで焼き色がつくまで5
   分ほど焼く。

65

肉みそ風

1人分 約48円

絹が おすすめ

コクのあるみそで味をつけた肉みそは、
ごはん、麺、野菜など何にでも合う旨味のかたまり。
具としてたっぷり食べられる、薄味のレシピです。

材料（作りやすい分量：2人分）

解凍した冷凍豆腐（丸ごと）…1丁
長ねぎ…10cm
しょうが…½片
サラダ油…大さじ1

A | 水…大さじ2
醬油、みそ、甜麺醬…各大さじ½
砂糖…小さじ½

作り方

1. 長ねぎとしょうがはみじん切りにする。

2. 冷凍豆腐は水けを絞って細かくほぐす。

3. フライパンにサラダ油と1を入れ中火
   で炒め、香りが立ったら2を加え炒める。
   汁けが飛んだらAを加えて煮絡める。

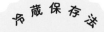

冷蔵保存法

粗熱が取れたら保存容器
に入れ、冷蔵室で保存。食
べるときは、乾いた清潔な
スプーンで使う分だけ取り
分ける。保存期間は5日間。

冷凍豆腐の肉みそ風 活用レシピ

ジャージャー麺風

材料（1人分）
冷凍豆腐の肉みそ風(P.66)…1/2量
きゅうり…1/4本
中華麺…1袋
卵黄…1個

作り方

1. きゅうりは千切りにする。中華麺は表示通りゆで、冷水に取って冷まし、水けを切って器に盛る。

2. レンジで温めた冷凍豆腐の肉みそ風をかけ、きゅうり、卵黄をのせる。

焼きなすの肉みそ風のせ

材料（1人分）
冷凍豆腐の肉みそ風(P.66)…大さじ2
なす…1本
塩…少々
サラダ油…大さじ2~3
青ねぎ〈小口切り〉…適量

作り方

1. なすはヘタを切り落として縦半分に切り、両面に1cm幅の格子状の切り込みを入れる。

2. フライパンにサラダ油を入れ中火で熱し、1を並べ、塩を振って両面をじっくり焼く。

3. 器に盛り、レンジで温めた冷凍豆腐の肉みそ風をかけ、青ねぎを散らす。

冷凍豆腐と一緒にあると便利！
野菜やきのこの冷凍法

豆腐だけでなく、野菜やきのこも生のまま冷凍できるんです。
保存袋に入れて冷凍し、約1カ月程度で使い切って。

【 根菜類 】

作り方 ▶ にんじんやれんこん、大根な
どは薄切りや細切りにして保存袋へ。
冷凍することで火の通りが早くなる。
調理例 ▶ きんぴら、みそ汁、スープ、
野菜炒めなど

【 青菜類 】

作り方 ▶ 小松菜や青梗菜などは根を
落として食べやすい長さに切り、保存
袋へ。アクがないので凍ったまま調理
できる。
調理例 ▶ お浸し、スープなど

【 きのこ類 】

作り方 ▶ きのこは石づきを切り落と
し、ほぐすか食べやすい大きさに切って
保存袋に入れる。何種類か混ぜても。
調理例 ▶ ホイル焼き、バター炒め、ク
リーム煮、パスタなど

【 葉野菜類 】

作り方 ▶ 白菜やキャベツなどは食べ
やすい大きさに切り、保存袋へ。切っ
たねぎやピーマンなどを混ぜても。
調理例 ▶ 野菜炒め、ラーメンの具、み
そ汁、スープなど

Chapter 3

いつもの 豆腐料理や かさ増しも 冷凍豆腐で！

水分が減って食感にも弾力がプラスされた冷凍豆腐。
いつもの豆腐の代わりに使うと食べ応えが増し、
ボリュームたっぷりの1品に！
肉や魚の料理に加えてかさ増ししつつ、
カロリー＆コストダウンを叶えるアイデアメニューも。

いつもの豆腐料理が
食べ応えアップ！

ゴーヤチャンプル

木綿^がおすすめ

木綿の冷凍豆腐は沖縄の〝島豆腐〟のような硬めの食感なので、
ゴーヤチャンプルとは相性◎。炒めても普通の豆腐よりくずれにくく、
ボリュームが出て見た目も豪華に仕上がるのがうれしい！

材料（2人分）

解凍した冷凍豆腐（8等分）… 1/2丁
ゴーヤ… 1/2本
にんにく… 1片
豚バラ肉（薄切り）… 80g
塩、こしょう… 各少々
ごま油… 大さじ2

A｜ ナンプラー… 大さじ1/2
　｜ 和風だしの素（顆粒）… 小さじ1/2

かつお節… 適量

作り方

1. 冷凍豆腐は水けを絞って半分に切る。ゴーヤは種とワタを取って薄切り
にし、2分ほど水にさらして水けを絞る。にんにくは薄切りにする。豚肉
はひと口大に切って、塩、こしょうを振る。

2. フライパンに半量のごま油を入れ中火で熱し、豆腐を焼く。軽く焼き色
がついたら取り出す。

3. 残りのごま油とにんにくを入れ、香りが立ったら豚肉、ゴーヤの順に加
え、弱火で蒸し焼きにして火を通す。

4. 2を戻し入れてAで調味し、器に盛る。かつお節を振る。

絹が
おすすめ

塩麻婆豆腐
マーボー

塩麻婆豆腐はあっさりして物足りない……
と思うなら、冷凍豆腐に替えてみて。
豆腐の風味が濃く、中に味もしっかり入って
大満足の大人な麻婆です。

材料（2人分）

冷凍豆腐（さいの目）… 1丁
長ねぎ … 10cm
にんにく … 1片
しょうが … 1片
ごま油 … 大さじ1
豚ひき肉 … 100g

A
水 … 200mℓ
鶏がらスープの素（顆粒）… 大さじ½
塩 … 小さじ½

B
片栗粉 … 小さじ2
水 … 大さじ2

ラー油 … 適量

作り方

1. 長ねぎ、にんにく、しょうがはみじん切りに
   する。

2. フライパンにごま油、1を入れ中火で熱し、
   香りが立ったらひき肉を加え炒める。

3. 肉の色が変わったら、合わせたAを注いで煮
   立て、冷凍豆腐（凍ったまま）を加えて蓋を
   し、中火で4〜5分煮る。

4. 合わせたBを回し入れ、とろみがついたら器
   に盛る。好みでラー油を垂らす。

72

韓国風肉豆腐

木綿が
おすすめ

豚バラ肉のコクとキムチの酸味、冷凍豆腐の濃密な豆の味のハーモニー。
冷凍豆腐は凍ったまま使え、野菜を切る手間もほぼないお手軽な1品。

材料（2人分）

冷凍豆腐（8等分）…½丁

青ねぎ…5本

A | 水…200㎖
  | すりごま（白）…大さじ1
  | 砂糖、ごま油…各大さじ½
  | みそ、醤油、鶏がらスープの素
  | （顆粒）…各小さじ1

白菜キムチ…150g

豚バラ肉（しゃぶしゃぶ用）…150g

作り方

1. 青ねぎは2㎝長さに切る。

2. 鍋にAとキムチを入れて中火で熱し、沸騰したら冷凍豆腐（凍ったまま）と豚肉を加え、5分ほど煮る。

3. 1を加えてひと煮し、器に盛る。

肉巻き豆腐の角煮風

絹が
おすすめ

簡単に作れて豪華に見え、さらにコスパもいい肉巻き豆腐。冷凍豆腐を使うと
ごちそう感が増し、おうち飲み会のおつまみにもきっと大好評です。

材料（2人分）

解凍した冷凍豆腐（8等分）…1丁
豚バラ肉（薄切り）…8枚
サラダ油…大さじ1
片栗粉…適量
A｜醬油…大さじ2
　｜みりん、砂糖、酒…各大さじ1
ゆで卵…1個

作り方

1. 冷凍豆腐は水けを絞り、豚肉で巻いて片栗
   粉をまぶす。

2. フライパンにサラダ油を入れて中火で熱し、
   1の巻き終わりを下にして入れ、焼く。

3. 肉に火が通ったらAを加えて煮絡め、器に盛
   る。ゆで卵を半分に切って添える。

材料（2人分）

冷凍豆腐（さいの目）… ½丁

鶏もも肉 … ½枚

椎茸 … 2枚

ニラ … ½束

ごま油 … 大さじ1

豆板醤 … 小さじ1

おろしにんにく … ½片分

A
| 水 … 600ml
| 醤油、酒 … 各大さじ2
| 鶏がらスープの素（顆粒）… 大さじ1

B
| 片栗粉 … 小さじ2
| 水 … 大さじ1

溶き卵 … 1個分

黒酢 … 大さじ2〜3

酸辣湯
（サン ラー タン）

木綿・絹
どちらでも

食欲をそそるすっぱ辛いスープ。
豆腐を入れるとくずれがちですが、冷凍豆腐なら
形くずれせず、具沢山のおかずスープに。

作り方

1. 鶏もも肉は1.5cm角に切り、椎茸は薄切り、
   ニラは3cm長さに切る。

2. 鍋にごま油と豆板醤、おろしにんにくを入れ
   中火で熱し、鶏もも肉を入れ炒める。

3. 肉の色が少し変わったら、Aを加え煮立て、
   冷凍豆腐（凍ったまま）と椎茸、ニラを加え
   軽く煮る。

4. よく混ぜ合わせたBを加え、とろみが出たら
   溶き卵を回し入れ、火を止めて黒酢を加える。

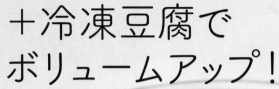

＋冷凍豆腐で
ボリュームアップ！

豆腐入りハンバーグ

木綿・絹 どちらでも

合いびき肉1：冷凍豆腐1の割合で作ったハンバーグ。豆腐をまったく感じさせず、食べ応えもしっかりあって大満足。さっぱりしていて胃もたれもしにくいので、大人はむしろ〝豆腐入り〟にハマるかも。

材料（2人分）
解凍した冷凍豆腐（丸ごと）…1丁
玉ねぎ…1/4個
合いびき肉…150g
パン粉…大さじ2
溶き卵…1/2個分
塩…小さじ1/3
サラダ油…大さじ1
水菜〈ざく切り〉…適量
A｜ケチャップ・中濃ソース…各大さじ3
　｜バター…10g
　｜砂糖…小さじ2/3

作り方
1. 冷凍豆腐は水けを絞って細かくほぐす。玉ねぎはみじん切りにする。
2. ボウルに1とひき肉、パン粉、溶き卵、塩を入れ、粘りが出るまでよく混ぜ、2等分して小判形にする。
3. フライパンにサラダ油を入れ中火で熱し、2を入れて焼く。
4. 焼き色がついたらひっくり返して水大さじ2（分量外）を回し入れ、蓋をして弱めの中火で5分蒸し焼きにし、器に盛る。
5. 肉汁が残ったフライパンにAを入れてひと煮し、4にかける。水菜を添える。

鶏ひき肉と豆腐の彩り唐揚げ

木綿・絹
どちらでも

パサつきがちな鶏肉団子も、ほぐした冷凍豆腐を加えれば
しっとりなめらかな口当たりになり、ボリュームも増してメインの1品に。
コーンや枝豆で彩りを添え、カラッと揚げればテーブルが華やぎます。

材料（2人分）

解凍した冷凍豆腐（8等分）…½丁
枝豆（冷凍）…100g
鶏ひき肉…150g
A │ 醤油…小さじ2
　 │ おろししょうがの搾り汁…小さじ1
　 │ おろしにんにく…小さじ¼
コーン（冷凍）…30g
揚げ油（サラダ油など）…適量
片栗粉…適量
レモン〈くし形切り〉…適量

作り方

1. 冷凍豆腐は水けを絞って細かくほぐす。

2. 枝豆は自然解凍し、さやから出す。ボウルに 1 とひき肉、Aを入れてよく
混ぜ、粘りが出たら枝豆とコーンを加えて軽く混ぜ合わせる。

3. 鍋に揚げ油を入れ、中火で180度に加熱する。2 をスプーンでひと口大
に丸めて片栗粉を薄くまぶし、きつね色になるまで揚げる。

4. 器に盛り、好みでレモンを添える。

甘辛梅だれの鶏豆腐つくね

木綿・絹
どちらでも

鶏ひき肉と冷凍豆腐を加えて作ったつくねは、
豆腐ハンバーグのようにふわふわの優しい口あたり。ほどよい酸味の
和風だれがよく絡み、パクパクといくつでも食べられそう。

材料（2人分）

解凍した冷凍豆腐（8等分）…½丁

長ねぎ…10cm

鶏ひき肉…100g

A
| おろししょうが…½片分
| 溶き卵…½個分
| 片栗粉…小さじ1
| 塩…小さじ¼

サラダ油…小さじ2

大葉…2枚

B
| 梅肉…1個分
| 水…大さじ2
| 砂糖…大さじ1と½
| 醤油…大さじ1

作り方

1. 冷凍豆腐は水けを絞って細かくほぐす。長ねぎはみじん切りにする。

2. ボウルに1とひき肉とAを入れ、粘りが出るまでよく混ぜ、6等分して円形にする。

3. フライパンにサラダ油を入れ中火で熱し、2を並べて焼く。焼き色がついたらひっくり返し、蓋をして弱めの中火で3分ほど蒸し焼きにする。大葉を敷いた器に盛る。

4. 肉汁の残ったフライパンにBを入れてひと煮し、3にかける。

材料（2人分）

解凍した冷凍豆腐（8等分）… ½丁

玉ねぎ… ¼個

合いびき肉… 150g

A
溶き卵… ½個分
パン粉… 大さじ2
塩… 小さじ⅓

揚げ油（サラダ油など）… 適量

小麦粉… 適量

溶き卵… 適量

パン粉… 適量

キャベツ〈千切り〉、
　パセリ〈ひと口大〉… 各適量

中濃ソース… 適量

あっさりメンチカツ

木綿・絹
どちらでも

豆腐入りハンバーグ（P.76）と同じタネを作り、衣をつけて揚げればメンチカツに。外はカリッ、中は肉汁を豆腐がキャッチしてジューシーな味わい。

作り方

1. 冷凍豆腐は水けを絞って細かくほぐす。玉ねぎはみじん切りにする。

2. ボウルに1とひき肉とAを入れ、粘りが出るまでよく混ぜ、4等分して丸める。

3. 鍋に揚げ油を入れ、中火で170度に加熱する。2に小麦粉、溶き卵、パン粉の順で衣をつけ、4〜5分ほど揚げる。

4. 器に3を盛り、キャベツとパセリを添え、ソースをかける。

エビと豆腐のアヒージョ

絹がおすすめ

オリーブ油とにんにくで食材を煮込むスペイン料理〝アヒージョ〟。
エビの香りがたっぷり溶け込んだ油が、プリッとした豆腐に絡んで絶品です!

材料(2人分)

解凍した冷凍豆腐(8等分)…½丁
エビ(ブラックタイガー)…6尾
にんにく…2片
赤唐辛子…1本
A｜ オリーブ油…200㎖
　｜ 塩…小さじ⅔
パセリ〈みじん切り〉、
　　バゲット〈薄切りトースト〉…各適量

作り方

1. 冷凍豆腐は水けを絞る。エビは尾をつけたまま殻をむいて背わたを取る。にんにくはみじん切りにする。

2. 赤唐辛子は種を取る。小鍋(そのまま食卓に出せるもの)に1と赤唐辛子、Aを入れて弱火で加熱する。

3. エビに火が通ったらパセリを振り、バゲットを添える。

参鶏湯風炊飯器スープ
（サム　ゲ　タン）

木綿・絹
どちらでも

丸鶏にもち米などを詰めて煮込む韓国料理・参鶏湯の簡単バージョン。
丸鶏を手羽元に替え、冷凍豆腐でかさ増し＆スープを吸わせて。炊飯器で
煮込むと、肉がほろほろに柔らかくなります。

材料（2人分）

冷凍豆腐（8等分）… 1/2丁
鶏手羽元… 4本
にんにく… 2片
米… 1/2合
塩… 小さじ1
長ねぎの緑の部分〈小口切り〉、くこの実、
　　いりごま（白）… 各適量

作り方

1. 鶏手羽元は骨に沿って調理ばさみで切り込みを入れて開く。にんにくは
　　縦半分に切る。

2. 米は洗って炊飯器に入れ、水を3合分の目盛まで注ぎ、塩を加えて混ぜる。

3. 1と冷凍豆腐（凍ったまま）を加え、炊飯器のおかゆモードで炊く。

4. 器に盛り、長ねぎをのせ、くこの実といりごまを振る。

ツナと豆腐のにんじんしりしり

木綿・絹
どちらでも

にんじんを千切り（しりしり）にして炒めた沖縄の郷土料理。にんじんの
甘みとツナのコク、冷凍豆腐の豆の香りが一体となり、箸が止まらない！

材料（2人分）

解凍した冷凍豆腐（8等分）… ½丁
にんじん … 1本
ツナ缶（オイル漬け）… 1缶（70g）
溶き卵 … 1個分

A ┃ 醤油、砂糖、酒 … 各小さじ1
　 ┃ 和風だしの素（顆粒）… 小さじ¼

青ねぎ〈小口切り〉… 適量

作り方

1. 冷凍豆腐は水けを絞って細かくほぐす。にんじんは千切りにする。

2. フライパンに1とツナを缶汁ごと入れ、中火で炒める。

3. にんじんがしんなりしたらAで調味し、溶き卵を加え炒め合わせる。

4. 器に盛り、青ねぎを振る。

材料（作りやすい分量：4人分）

冷凍豆腐（さいの目）…½丁

キャベツ…100g

じゃがいも…1個

玉ねぎ…½個

セロリ…½本

いんげん…5本

ソーセージ…4本

A
　水…400㎖
　トマト水煮缶（カット）
　　…½缶（200g）
　コンソメスープの素（顆粒）
　　…小さじ2

パセリ〈みじん切り〉…適量

炊飯器ミネストローネ　木綿・絹 どちらでも

炊飯器で作る〝ほったらかしスープ〟。
野菜はほろほろになり、その旨味を含んだ
スープが冷凍豆腐にしみ込んでいます。

作り方

1. キャベツ、じゃがいも、玉ねぎ、セロリ、いんげんはすべて1㎝角に切る。ソーセージは1㎝幅の輪切りにする。

2. 炊飯器に1と冷凍豆腐（凍ったまま）、Aを加え、早炊きモードで炊く。

3. ひと混ぜして器に盛り、パセリを散らす。

ぶりと豆腐の韓国風照り焼き

絹が
おすすめ

1切れのぶりの切り身も、同じひと口大に切った冷凍豆腐を加えれば
ボリュームたっぷりの1品に。つるんと口当たりの似ている絹がおすすめ。

材料（2人分）

解凍した冷凍豆腐（8等分）… ½丁
ぶり… 1切れ
小麦粉… 適量
ごま油… 大さじ1
焼き肉のたれ… 大さじ2
大葉… 1枚
大根〈おろし〉… 適量

作り方

1. 豆腐は水けを絞り、ぶりはひと口大に切る。
   豆腐とぶりに小麦粉を薄くまぶす。

2. フライパンにごま油を入れ中火で熱し、1を
   並べて両面焼く。

3. 焼き色がついたらペーパーで余分な油をふ
   き取り、焼き肉のたれを加えて煮絡める。

4. 大葉をのせた器に盛り、大根おろしを添える。

揚げ玉と豆腐の卵とじ

揚げ玉たっぷりだとカロリー過多になりがちな卵とじに、冷凍豆腐を足して
カロリーダウン＆栄養価アップ。だしを吸って高野豆腐のような味わいに。

材料（2人分）

冷凍豆腐（さいの目）…½丁
絹さや…6枚

A
水…150㎖
醤油、砂糖…各大さじ1と½
酒…大さじ1
和風だしの素（顆粒）…小さじ½

溶き卵…2個分
揚げ玉…10g

作り方

1. 絹さやは筋を取って斜め半分に切る。

2. フライパンにAを入れ中火で煮立て、冷凍豆腐（凍ったまま）を加え煮る。

3. 冷凍豆腐が温まったら1を加える。溶き卵を回し入れる。

4. 揚げ玉を加えて蓋をし、卵が好みの固さになったら火を止める。

あさりと豆腐の中国風蒸し

絹が
おすすめ

あさりの食べ応えがアップする、お酒によく合うおつまみ。
あさりの旨味やにんにくの香りを吸い込んだ、ジューシーな冷凍豆腐が絶品!

材料（2人分）

冷凍豆腐（さいの目）… ½丁
あさり… 200g
赤唐辛子… 1本
にんにく… 2片
ごま油… 小さじ2

A
水… 50㎖
酒… 大さじ1
醤油… 小さじ2
みりん… 小さじ1

青ねぎ〈小口切り〉… 適量

作り方

1. あさりは砂抜きして軽く水洗いし、ざるにあげて水けを切る。

2. 赤唐辛子は種を取り、にんにくは薄切りにする。

3. フライパンにごま油と2を入れ中火で熱し、香りが立ったら1を加え軽く炒める。

4. Aと冷凍豆腐（凍ったまま）を加えて蓋をする。あさりの口が開き、豆腐に火が通るまで蒸し煮にする。

5. 器に盛り、青ねぎを振る。

豆腐入りトッポッキ

絹が
おすすめ

韓国風餅の甘辛煮込み・トッポッキに冷凍豆腐をプラス。
栄養価が増し、食感に変化もついて、
おかずにもおつまみにもきっと大好評です。

材料（2人分）

解凍した冷凍豆腐（8等分）…½丁
ごま油…小さじ2

A
｜水…200㎖
｜コチュジャン…大さじ2
｜砂糖…大さじ1
｜醤油、酒…各小さじ2
｜鶏がらスープの素（顆粒）…小さじ½

餅（トッポッキ用）…100g
いりごま（黒）…適量

作り方

1. 冷凍豆腐は水けを絞る。

2. フライパンにごま油を入れ中火で熱し、1を
   入れて焼く。

3. 焼き色がついたらAと餅を加える。沸騰した
   ら弱火で7〜8分ほど煮込む。

4. 器に盛り、いりごまを振る。

冷凍室収納のコツ

食材をおいしく冷凍保存するためには、室内のどこに何が
入っているか把握し、開閉時間を短くして室内の温度を上げない
ことが大切です。たくさん詰めることもポイント。

急速冷凍スペースを作る

冷凍室の上段に金属トレーを置き、
おいしく凍らせるための急速冷凍ス
ペースを作ります。豆腐はもちろん、
肉や魚などを薄く平らにしてラップ
に包み、保存袋に入れて急速冷凍。

こまごましたものは上段に

1回分ずつ冷凍したごはん、少しだ
け残った冷凍豆腐や肉、こまごまと
した薬味類などは、取り出しやすい
上段に置くようにして。すぐ目に入っ
て使い忘れを防ぐことができます。

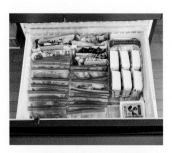

8割以上詰めて節電

冷凍室の収納量は、8割以上を目標
に、できるだけたくさん詰めるように
しましょう。意外なようですが、その
方が室内の冷気が逃げにくく、節電
や食材の品質保持につながります。

下段は見やすく立てて収納

下段に食材を積むと、底の方の食材
の使い忘れにつながります。平らな
状態で冷凍し、縦に差し込んで保管
しましょう。冷却力アップにもつなが
る金属製ブックスタンドを使うと便利。

Chapter

4

パパッと作れる
小さなおかず
＆汁物

献立を組み立てていて、
あと１品欲しい、でも材料が足りない……！ というときも
冷凍豆腐の出番。少ない材料でパッと作れる
小さなおかず10品と、冷凍豆腐を凍ったまま
加えて作る、簡単汁物を６品ご紹介します。

火を使わずに作れる
小さなおかず

豆腐のカプレーゼ風

絹が
おすすめ

絹の冷凍豆腐には、モッツァレラチーズ風の嚙み応えがあります。
トマト＆バジル＆オリーブ油と一緒に口に運べば、まるでカプレーゼ！

材料（2人分）
解凍した冷凍豆腐（さいの目）…½丁
ミニトマト…8個
塩、こしょう（黒）…各適量
バジルの葉…4~5枚
オリーブ油…小さじ2

作り方
1. 冷凍豆腐は水けを絞り、ミニトマトは横半分に切る。
2. 器に1を盛り、塩、こしょうを振る。
3. バジルを散らし、オリーブ油を回しかける。

豆腐のポキサラダ風

絹が
おすすめ

ポキとは、小さく切った刺身やアボカドなどを醤油ベースのたれで和えた
ハワイ料理。刺身の代わりに冷凍豆腐でさっぱりと、お財布にも優しく。

材料（2人分）

解凍した冷凍豆腐(8等分)…½丁
トマト…½個
アボカド…½個

A | 醤油…大さじ½
　 | ごま油…小さじ1
　 | 砂糖…小さじ1/3

作り方

1. 冷凍豆腐は水けを絞り、手で大きめに割る。
   トマトは1.5cm角に、アボカドはひと口大に
   切る。

2. ボウルに1とAを入れてよく混ぜ、冷蔵室で
   10分以上おいて味をなじませる。

95

豆腐と叩ききゅうりの塩昆布和え

木綿・絹
どちらでも

火も包丁も使わず、材料を和えるだけのお手軽小鉢。
塩昆布とごま油の旨味が効いて、ご飯にもお酒にもよく合います。

材料（2人分）

解凍した冷凍豆腐（8等分）…½丁
きゅうり…1本
A | 塩昆布…5g
  | ごま油…小さじ1
  | 醤油…小さじ½
いりごま（白）…適量

作り方

1. 冷凍豆腐は水けを絞り、手で大きめに割く。
   きゅうりはヘタを切り落として、麺棒で叩いて粗く砕く。

2. ボウルに1とAを入れ和える。

3. 器に盛り、いりごまを振る。

パパッと加熱でできる
小さなおかず

豆腐とブロッコリーの梅肉和え

木綿・絹
どちらでも

メインの料理が少し寂しいときはこちら。ブロッコリーと
割いた冷凍豆腐でボリュームが出て、旨辛すっぱい味つけも後を引きます。

材料（2人分）

解凍した冷凍豆腐（8等分）… ½丁
梅干し… 1個
ブロッコリー… ½株
A｜ 醤油、みりん… 各大さじ½
　｜ ごま油… 小さじ½

作り方

1. 冷凍豆腐は水けを絞り、手で大きめに割く。
梅干しは種を除いて包丁で叩く。

2. 鍋に湯を沸かし、塩適量（分量外）を入れる。
ブロッコリーを小房に分け、縦半分に切る。
鍋に加えて1分ゆで、ざるにあげる。

3. ボウルに1と2、Aを入れて和える。

豆腐と小松菜の煮浸し

木綿・絹
どちらでも

油揚げを入れることが多い小松菜の煮浸し。冷凍豆腐に変えると
目先が変わり、あっさりと食べられます。青梗菜やかぶでも同じように作れます。

材料（2人分）

冷凍豆腐（さいの目）…½丁
小松菜…1株

A
　水…200㎖
　醤油、酒、みりん…各大さじ1
　砂糖…大さじ½
　和風だしの素（顆粒）…小さじ1

作り方

1. 小松菜は根を切り落とし、4㎝長さに切る。

2. 鍋にAを入れて中火で煮立て、冷凍豆腐（凍ったまま）と1を加え、5分ほど煮る。

豆腐とピーマンのきんぴら

木綿・絹
どちらでも

豆腐の優しい味わいとピーマンの苦みは好相性。
冷凍豆腐を電子レンジで解凍すれば、ものの5分で完成する時短な1品です。

材料（2人分）

解凍した冷凍豆腐（8等分）…½丁
ピーマン…4個
ごま油…大さじ1
A 醤油、酒…各小さじ2
  砂糖…小さじ1

作り方

1. 冷凍豆腐は水けを絞って細かくほぐす。ピーマンはヘタと種を取って横1cm幅に切る。

2. フライパンにごま油を入れ中火で熱し、1を入れて炒める。

3. ピーマンに火が通ったらAを加え、煮絡める。

揚げ出し豆腐

木綿が
おすすめ

豆腐が途中で欠けたり、くずれたりと、意外に難易度が高い揚げ出し豆腐。
形がしっかりしている冷凍豆腐を使えば、まるで料亭のような仕上がりに！

材料（2人分）

解凍した冷凍豆腐（丸ごと）…1丁
片栗粉…適量
揚げ油（サラダ油など）…適量
A 水…120mℓ
　　めんつゆ（3倍濃縮）…大さじ3
大根〈おろし〉、青ねぎ〈小口切り〉、
　　おろししょうが…各適量

作り方

1. 冷凍豆腐は6等分に切って水けを絞り、片栗粉をまぶす。

2. 鍋に揚げ油を入れ、中火で180度に加熱する。1を3分ほど揚げ、器に盛る。

3. 小鍋にAを入れてひと煮し、2にかけ、大根おろし、青ねぎ、おろししょうがをのせる。

豆腐とキムチのチーズ焼き

絹が
おすすめ

韓国料理店で大人気のキムチ&チーズ料理。冷凍豆腐にのせて
トースターで焼くだけで簡単に再現できます！　マヨネーズでコクをプラス。

材料（2人分）
解凍した冷凍豆腐（8等分）…½丁
青ねぎ…1本
ごま油…小さじ1
白菜キムチ…30g
マヨネーズ…小さじ1
チーズ（ピザ用）…20g

作り方

1. 冷凍豆腐は水けを絞る。青ねぎは小口切りにする。

2. 耐熱皿にごま油を塗り、豆腐とキムチをのせ、さらにマヨネーズ、チーズ、青ねぎをのせる。

3. トースターでチーズに焼き色がつくまで5分ほど焼く。

電子レンジで
小さなおかず

豆腐とかぼちゃのサラダ

絹が
おすすめ

デリで定番人気のかぼちゃサラダ。かぼちゃの一部を
冷凍豆腐に置き換えると、味わいさっぱり、たんぱく質も摂取できてよりヘルシーに。

材料（2人分）

解凍した冷凍豆腐（8等分）…½丁
かぼちゃ…220g
マヨネーズ…大さじ1
醤油…少々

作り方

1. 冷凍豆腐は水けを絞って細かくほぐす。

2. かぼちゃはヘタとワタを取り、ひと口大に切って耐熱皿にのせ、水大さじ1（分量外）を振る。ふんわりとラップで覆い、電子レンジで3分加熱し、フォークでつぶす。

3. 1とマヨネーズを加え混ぜ、醤油で味を調える。

豆腐とにんじんのナムル

木綿・絹
どちらでも

にんじんと冷凍豆腐、どちらも常備食材でいつでも作れる
簡単ナムル。にんじんの甘みとごまのコクで、シンプルなのに奥深い味わい。

材料（2人分）

解凍した冷凍豆腐（8等分）… 1/2丁
にんじん… 1本（150g）

A

    すりごま（白）… 大さじ1
    醬油、ごま油… 各小さじ2
    おろしにんにく… 少々

作り方

1. 冷凍豆腐は水けを絞って細かくほぐす。にんじんは細切りにする。

2. 耐熱容器に *1* を入れ、ふんわりとラップで覆い、電子レンジで3分加熱する。

3. Aを加えてよく混ぜ、器に盛る。

さいの目冷凍豆腐を
入れるだけみそ汁

豆腐とアスパラ、ベーコンのみそ汁 木綿・絹 どちらでも

朝ごはんにぴったりの具材で、パンにもごはんにも合う和洋折衷みそ汁。

材料（2人分）
冷凍豆腐（さいの目）… ½丁
アスパラガス … 5本
ベーコン … 2枚
玉ねぎ … ¼個
だし汁 … 400㎖
みそ … 大さじ1

作り方

1. アスパラガスは根元の固い皮をピーラーでむき、4㎝幅の斜め切りにする。ベーコンと玉ねぎは1㎝幅に切る。

2. 鍋にだし汁を入れて中火で加熱し、煮立ったら1と冷凍豆腐（凍ったまま）を加える。

3. 具材に火が通ったら、みそを溶き入れる。

豆腐と
ひらひらにんじんの
チーズみそ汁
木綿・絹
どちらでも

見た目のかわいさと
にんじんの甘み、チーズのコクで
子どもも大喜び。

材料（2人分）

冷凍豆腐（さいの目）… ½丁
にんじん… 100g
だし汁… 400㎖
チーズ（ピザ用）… 30g
みそ… 大さじ1

作り方

1. にんじんはピーラーでリボン状に
   スライスする。

2. 鍋にだし汁とにんじんを入れて中
   火で加熱し、沸騰したら冷凍豆腐
   （凍ったまま）を加える。

3. 具材に火が通ったらみそを溶き入
   れ、チーズを加える。

豆腐とさば缶、
白菜のみそ汁
木綿・絹
どちらでも

さば缶の旨味が
冷凍豆腐の中までじゅわっとしみて。
しょうがも効いた滋味深いみそ汁。

材料（2人分）

冷凍豆腐（さいの目）… ½丁
白菜… 150g
さば水煮缶… 1缶（190g）
だし汁… 400㎖
みそ… 大さじ1
しょうが〈千切り〉… ½片分

作り方

1. 白菜はざく切りにする。

2. 鍋にだし汁を入れて中火で加熱し、
   沸騰したら1と冷凍豆腐（凍った
   まま）、さば缶を汁ごと加える。

3. 具材に火が通ったらみそを溶き入
   れ、器に盛り、しょうがをのせる。

さいの目冷凍豆腐を
入れるだけスープ

豆腐と豚肉、根菜の和風スープ

木綿・絹
どちらでも

体が温まる根菜スープ。肉の脂で冷凍豆腐と野菜がまとまります。

材料（2人分）

冷凍豆腐（さいの目）…½丁
れんこん…100g
にんじん…⅓本（50g）
豚バラ肉（薄切り）…100g

A 　水…400mℓ
　麺つゆ（3倍濃縮）…大さじ2と½

作り方

1. れんこんとにんじんは薄いいちょう切りにする。豚肉はひと口大に切る。

2. 鍋に1とAを入れて中火で加熱する。

3. 沸騰したらアクを取り、冷凍豆腐（凍ったまま）を加え、2〜3分ほど煮る。

豆腐と彩り野菜の
コンソメスープ

木綿・絹
どちらでも

すぐに火が通る具材だけで
あっという間に完成。
朝ごはんにもおすすめです。

材料（2人分）

冷凍豆腐（さいの目）…½丁

オクラ…4本

ミニトマト…4個

ベーコン…1枚

A 　水…400㎖
　　コンソメスープの素（顆粒）…小さじ2

作り方

1. オクラは洗った後、適量の塩（分量外）をまぶしてまな板の上で転がし、産毛を取ってから洗い流し、ヘタを切り落として小口切りにする。ミニトマトは半分に切り、ベーコンは2㎝幅に切る。

2. 鍋にAを入れて中火で加熱し、沸騰したら1と冷凍豆腐（凍ったまま）を加え、2～3分ほど煮る。

豆腐と夏野菜の
白だしスープ

木綿・絹
どちらでも

ゴーヤと赤パプリカの
彩りを冷凍豆腐が引き立てて
見た目にも食欲をそそります。

材料（2人分）

冷凍豆腐（さいの目）…½丁

ゴーヤ…½本

パプリカ（赤）…¼個

鶏もも肉…100g

A 　水…400㎖
　　白だし…大さじ2と½

作り方

1. ゴーヤは種とワタを、パプリカはヘタと種を取って薄切りにする。鶏肉は1㎝角に切る。

2. 鍋にAを入れて中火で加熱し、沸騰したら1と冷凍豆腐（凍ったまま）を加え、2～3分ほど煮る。

索引

Index

料理のジャンル別
～今日は何系を食べたい気分?～

食材別
〜レシピで使った主なもの〜

野菜・果物・きのこ類

肉・肉加工品

魚・魚加工品

卵

島本美由紀
Shimamoto Miyuki

料理研究家・ラク家事アドバイザー。旅先で得たさまざまな感覚を料理や家事のアイデアに活かし、身近な食材で誰もが手軽においしく作れるレシピを考案。冷蔵庫収納や食品保存のスペシャリストとしても活動し、親しみやすい人柄でテレビ番組『あさイチ』（NHK）や『ヒルナンデス！』（日本テレビ）、『ホンマでっか!?TV』（フジテレビ）などに出演。雑誌へのレシピ提供も多く、著書は80冊を超える。豆腐も大好きで豆腐マイスターの資格も持つ。
https://www.shimamotomiyuki.com/

staff

撮影／キッチンミノル
スタイリング／深川あさり
調理アシスタント／原久美子
ブックデザイン／澁谷明美
構成・執筆協力／大塚真里
校正／玄冬書林

制作／遠山礼子・斉藤陽子
販売／中山智子
宣伝／鈴木里彩
編集／益田史子

節約＆ヘルシー！
冷凍豆腐レシピ77

2023年11月19日　初版第1刷発行

著　者　　島本美由紀
発行者　　石川和男
発行所　　株式会社　小学館
　　　　　〒101-8001 東京都千代田区一ツ橋 2-3-1
　　　　　電話（編集）　03・3230・5192
　　　　　　　（販売）　03・5281・3555
印刷所　　TOPPAN 株式会社
製本所　　株式会社若林製本工場

©Miyuki Shimamoto 2023 Printed in Japan
ISBN978-4-09-311553-7